Ernest Chesneau

# Le Réalisme
# et l'esprit français
# dans l'art

*Les frères Le Nain*

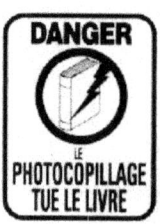
ISBN : 978-1717470072

10  9  8  7  6  5  4  3  2  1

Ernest Chesneau

# Le Réalisme et l'esprit français dans l'art

Les frères Le Nain

# Table de Matières

**Les frères Le Nain**       7

# Les frères Le Nain

Il y aura bientôt vingt ans, Gustave Planche caractérisait ainsi le réalisme : «Doctrine sérieuse, mais transitoire, qui pourra bien servir à la régénération de l'art, mais qui, à coup sûr, n'est pas l'art lui-même. Le réalisme, qui, pour bien des jeunes gens, est le dernier terme, le but suprême de la peinture et de la statuaire, ruinera la tradition entêtée, corrigera l'innovation étourdie, tiendra tête à la conciliation, et retrempera, j'en ai l'assurance, le métal amolli de la pensée. Il brisera l'importune monotonie des compositions copiées d'âge en âge, et usées le jour où elles paraissent, comme les monnaies frappées sous un coin effacé; il disciplinera les caprices excentriques, ignorants et fanfarons, qui prennent trop souvent la bizarrerie pour la nouveauté; il luttera toujours sans désavantage, parfois avec bonheur, contre ces ouvrages poltrons qui ne sont d'aucune religion, qui sourient à tous les autels et n'adorent aucun dieu; mais, quoi qu'il fasse, il ne suffira jamais aux besoins de l'art : il ne reproduira pas les merveilles de Phidias et de Raphaël. » C'était aux derniers jours de l'école romantique expirante que Gustave Planche saluait ainsi l'avènement des tendances réalistes dans l'art. Sans les estimer beaucoup, il les acceptait, on vient de le voir, comme une heureuse transition; il leur accordait quelque utile vertu. Il est vrai de dire qu'alors le réalisme ne s'était point érigé en système, on ne l'avait pas encore posé comme principe fondamental d'école; il apparaissait au regard de Gustave Planche sous l'aspect d'une évolution dans la pratique de la peinture et de la statuaire et nullement comme une loi théorique nouvelle. Aussi, à mesure qu'il vit augmenter ses prétentions, protestait-il en faveur de l'idéal contre l'invasion croissante du réel. Chacun de ses salons, pendant quinze ans, contient un nouvel anathème contre une doctrine qui l'avait trompé, qui, démentant son espoir, était devenue non le moyen, mais le but.

On ne peut le méconnaître, en dépit des énergiques et fréquents avertissements donnés par Gustave Planche, en dépit des efforts renouvelés par quelques esprits distingués, le réalisme prend pied de plus en plus. Loin de perdre du terrain devant les attaques dont chaque jour il est l'objet, il menace au contraire d'absorber à son profit et d'enrégimenter toutes les forces des jeunes générations de peintres qui se font place dans l'école. En présence d'un tel fait, faut-il, au nom des « saines doctrines » en danger, poursuivre avec un redoublement d'énergie un système de protestations demeurées stériles ? Ne serait-il pas temps plutôt de combattre l'ennemi par d'autres moyens ? Puisqu'on n'a pu détourner le torrent, il y aurait peut-être plus de sagesse à l'étudier à sa source, à mesurer son coure : connaissant ainsi sa force d'impulsion et sa puissance, on arrivera peu à peu sans doute, et plus sûrement, à le maîtriser. L'opinion de Gustave Planche sur le réalisme, telle qu'il l'exprimait il y a près de vingt ans, est restée la nôtre, même à cette heure. Nous croyons que, malgré les excès de ses adeptes, on peut avoir confiance encore dans l'efficacité de cette doctrine, car les tendances réalistes de l'école moderne ne sont que les indices préliminaires d'un retour légitime aux anciennes tendances de l'art français. Ces aspirations primitives, refoulées, étouffées dès l'origine sans avoir pu se développer et se manifester avec suite, sont en rapport étroit avec le génie même de la France intellectuelle, qui s'est montré toujours épris de lumière, de logique et de vérité, aimant l'observation exacte, voulant le fait précis.

Une étude successive des peintres français qui sont restés vraiment français, qui ont secoué ou n'ont pas accepté le joug de la tradition italienne, établirait abondamment la justesse de ces assertions ; mais il suffira de présenter sous ses ! divers aspects le mouvement de la peinture en France depuis le XVIe siècle jusqu'à la fin du XVIIe. Nous verrons de génération en génération un artiste plus audacieux que les autres, d'une main tantôt ferme, tantôt plus hésitante, renouer la chaîne rompue à son premier anneau. Ce coup d'œil rétrospectif doit démontrer qu'il y a une cause historique aux progrès du réalisme, et qu'il a résisté à tous les efforts tentés contre lui parce qu'il avait sa raison d'être à titre1 transitoire, parce qu'il était une promesse d'éclosion tardive pour le génie esthétique particulier à la France. On ne doit pas craindre d'insister sur une idée qui rencontre plus d'un adversaire parmi les partisans des doctrines absolues en fait d'art, parmi ceux qui croient à un type immuable du beau, type nécessaire et suffisant à l'homme, quel que soit son degré de culture intellectuelle et morale, sous toutes les latitudes, sous les deux les plus opposés, en dépit des influences de race, de climat et de civilisation. Le respect que doivent inspirer de nobles ambitions spéculatives, une constante élévation de vues, ne saurait cependant dissiper des doutes réfléchis et profondément enracinés sur la valeur de principes trop inflexibles. Les affirmations absolues étonnent toujours, elles n'ont d'effet certain que celui de mettre le penseur sur ses gardes. Et c'est non-seulement la liberté du goût, mais l'histoire des arts elle-même qui proteste contre des théories dont la rigide application supprimerait d'un trait de plume toute l'école hollandaise et son maître incomparable, Rembrandt, n'admettrait Titien, Véronèse, que sous toutes réserves, immolerait Léonard de Vinci et Michel-Ange à Raphaël, et Raphaël lui-même à Phidias. Il faut être plus modeste, plus humain, et compter davantage avec les besoins des divers peuples dans l'âge moderne. Prétendre imposer à toute nation, à chaque tempérament local, un idéal collectif est une présomption fort noble assurément, mais non moins stérile. Que le même centre d'admirable lumière ait vu naître *Œdipe roi* et la frise du Parthénon, que les mêmes convulsions politiques de l'Italie aient inspiré *le Jugement dernier* et *la Divine Comédie*, personne ne sera surpris de semblables éclosions ; mais pourquoi s'étonnerait-on davantage de rencontrer Rembrandt en pays luthérien et Hogarth en pleine société puritaine ? Tous ils ont vu le même idéal, mais ils l'ont vu sous un angle différent, propre à leur tempérament, aux milieux intellectuels et sociaux dans lesquels ils avaient été nourris. Sachons donc comprendre et admettre que la France a droit de s'exprimer elle-même par les arts du dessin. Aidons-la à trouver en peinture et en statuaire une langue équivalente à celle qu'ont parlée Rabelais, Montaigne, Bossuet, Molière et Voltaire. Dans le *Laocoon*, Lessing a fait justice de l'adage mortel à toute vérité esthétique, de cet *ut pictura poesis*, dont les pédants ont passé aux naïfs, de siècle en siècle, la recette misérable, précepte qu'ils ont faussé en le transportant d'un peuple doué du génie lyrique à ces peuples du nord dont le lyrisme est, comme leur lyre, une affaire de convention. S'il est juste qu'il y ait une étroite relation entre les divers modes des manifestations intellectuelles pour chaque peuple, ce n'est point au lyrisme que nos arts plastiques doivent emprunter des modèles, ce n'est point le lyrisme qui doit leur servir de guide, mais notre excellente prose, cette langue sobre, claire, précise, qui se prête à la sévère expression des sentiments les plus élevés aussi bien qu'aux plus charmants caprices de l'esprit, aux merveilles de l'imagination la plus rare. Lorsqu'on reconnaît sous les grands élans poétiques de Racine et de Corneille la trame serrée, sensée, précise de notre prose, n'est-on pas autorisé à dire que la prose est la véritable langue de la France ? Interrogeons l'histoire, et voyons maintenant si l'art français n'a pas eu ses prosateurs.

Au moment de tracer sommairement les grandes lignes de cette histoire de l'art français, on ne peut se défendre de revendiquer pour notre école une part de gloire que nous sacrifions trop volontiers, à laquelle nous renonçons sans motifs sérieux. Enclins à admirer sur parole les écoles étrangères, et souvent même à ne pas raisonner notre admiration, nous professons une singulière humilité pour les œuvres nationales. Il est vrai qu'il ne s'est pas rencontré dans notre école un de ces vastes génies qui réalisent pleinement el au-delà toutes les conceptions d'une époque. En un temps où les conditions de l'art sont bien plus exigeantes qu'elles ne l'étaient dans l'antiquité, nous n'avons pas eu cette fortune de trouver un interprète qui fût au-dessus ou même à la mesure de sa tâche. Enfin l'Italie et la Hollande, plus heureuses que la France, ont enfanté des individualités qui ont approché davantage du but offert à leurs aspirations esthétiques ; mais si nous ne pouvons opposer de rivaux ni à Rembrandt, ni à Léonard de Vinci, ni à Raphaël, si l'art français à aucune date n'a jeté un éclat comparable à celui dont resplendit l'art italien de la fin du XVe siècle au commencement du XVIe, s'il n'a pas égalé dans sa sphère plus vaste et plus compliquée l'art antique, dont le cercle d'activité était plus restreint, il faut bien convenir cependant et répéter que du jour où les arts ont pris naissance dans notre pays, ils n'ont cesse d'y rayonner, sans brûlants éclairs peut-être, mais continûment et sans nuits subites. On sait dans quelles ténèbres gisent aujourd'hui les foyers qui répandirent jadis tant de lumière. Il n'y a donc pas de vain amour-propre à se glorifier d'une durée de trois siècles et demi, pendant lesquels l'école française, même marchant trop souvent à contre-sens du génie national, n'a cessé de compter des talents comme Nicolas Poussin, Eustache Le Sueur, Le Brun, Jean Jouvenet, David, Ingres et Eugène Delacroix, et dans un autre ordre des peintres comme les frères Le Nain, Philippe de Champaigne, Hyacinthe Rigaud, Watteau, Chardin, Géricault, des graveurs comme Callot et Abraham Bosse, des statuaires comme Puget, Coustou, Rude, Barye. Et je n'insiste même pas sur notre école moderne de paysage. Assurément l'art français a été traversé par bien des agitations, il a subi bien des directions contradictoires, mais il n'a jamais eu de temps d'arrêt prolongé ; dans son histoire il n'y a pas de lacune. C'est là son mérite exceptionnel, et c'est là son honneur. Attirés par le prestige éblouissant des écoles étrangères, nous avons détourné nos regards de nous-mêmes, nous avons à tort dédaigné ce qui devait être pour nous un juste sujet d'orgueil. Il est temps de revenir de cette erreur, qui a trop duré, et de renoncer définitivement à une prévention sans nul fondement. A quelque point de vue que l'on se place pour juger l'école française, quelles que puissent être les dissidences sur tel ou tel artiste, il est impossible de méconnaître son incontestable valeur. Cette déclaration très sincère doit nous servir de sauvegarde, s'il nous arrive de heurter quelqu'une de ces opinions toutes faites dont s'accommode la paresse habituelle du public, trop sujette à emprunter son credo à des livres où la « bonne doctrine » se transmet d'âge en âge, c'est-à-dire sans contrôle et sans examen.

Dans cette éloquente étude sur Eustache Le Sueur où M. Vitet a fourni un précieux modèle de critique appliquée à l'histoire des arts, l'auteur a été amené par son sujet même à caractériser l'influence qu'avait eue sur notre école nationale l'invasion des peintres italiens à la cour de François Ier. « Rien ne pouvait, dit-il, être plus funeste à la France que la tentative de la mettre d'emblée et d'un seul coup à l'unisson de l'Italie. En lui supprimant ses années d'apprentissage, on lui enlevait toutes ses chances d'originalité. Il faut à un pays, pour s'élever au sentiment de l'art, les épreuves d'un noviciat, il faut qu'il se fraie lui-même son chemin : si l'artiste passe subitement de l'ignorance au savoir le plus raffiné, ce n'est qu'à la condition de singer ce qu'il voit faire, et d'employer des procédés dont il ne comprend ni le motif, ni l'esprit. Faire fleurir la peinture en France était un louable projet, mais il ne fallait pas transplanter l'arbuste tout couvert de ses fruits : il fallait préparer le sol, faire germer la plante, la laisser croître en pleine liberté, et l'acclimater par une intelligente culture. Notre jeune roi victorieux ne devait pas avoir cette patience. Aussi peut-on dire qu'avec les meilleures intentions du monde il exerça sur l'avenir de la peinture en France une assez fâcheuse influence. »

Quelle influence ? La plus regrettable, à notre avis, en ce sens qu'il détourna l'art français de sa pente naturelle, qu'il étouffa sa naissante originalité, déjà marquée dans certaines manifestations. Il faut les analyser, ces œuvres de notre primitive école, pour se rendre un compte exact des vertus particulières qui, sans la trop grande hâte de François Ier, auraient déployé dans la peinture et la statuaire leur féconde activité, et fondé sûrement la véritable tradition esthétique propre au génie français.

Le moine Alcuin, secondant les grandes vues de Charlemagne, avait introduit en France l'art des miniaturistes, et, depuis ce moment, cet art d'ornementation n'avait cessé d'être en vigueur dans nos couvents. Après avoir feuilleté les marges et les miniatures de nos manuscrits, essayons d'y retrouver quelles étaient nos chances d'originalité au commencement du XVIe siècle. Eh bien! à l'inspection de ces nombreux sujets reproduisant les scènes de l'Ancien et du Nouveau Testament, on est saisi tout d'abord par l'évident effort d'une imitation minutieuse appliquée aux objets extérieurs. Généralement, les types humains sont peu variés : il y a le vieillard, l'homme et l'enfant, dont l'expression, une fois adoptée, reste à peu près toujours la même ; l'expression, avons-nous dit, et il est bon de s'en tenir à ce mot. Les artistes miniaturistes en effet ne sont pas tourmentés par l'ambition de réaliser un idéal de correction et de beauté. Ils veulent le signe expressif par excellence, celui qui caractérisera le mieux l'âge et la fonction morale du personnage. Aussi leurs figures peuvent avoir parfois une certaine allure commune, annonçant l'extraction humble des modèles de race laborieuse; mais grâce à l'accumulation de détails précis et choisis, ces figures ne sont jamais vulgaires ni triviales. Le réalisme est ici relevé par un effort constant d'idéalisme expressif.

Le type enfin trouvé, c'est dans l'exécution des accessoires que se donne pleinement carrière le sentiment du naturalisme spécial à nos anciens peintres. Ce qu'on peut appeler le mobilier de l'art des miniaturistes est emprunté de toutes pièces à la vie réelle et contemporaine, rendue avec une exactitude scrupuleuse. La fidélité de l'imitation est poussée à ce point que les manuscrits du XIIIe au XVIe siècle peuvent être considérés comme les documents les plus authentiques sur la décoration intérieure des habitations au temps où ils furent exécutés. La composition séduit toujours par sa naïve clarté. On n'y remarque point de ces sacrifices dont les peintres italiens se montreront si prodigues un peu plus tard, péchant sans remords contre la vraisemblance de la représentation pour obtenir un effet pittoresque plus satisfaisant. Tout dans les ouvrages français est combiné dans une seule intention., — rendre le fait, — et tout y est rassemblé de manière à concourir à l'effet le plus vrai. S'il n'est pas déplacé de se servir ici d'un terme bien moderne à propos d'œuvres si anciennes, on peut dire que, dans les manuscrits, la raison domine aux dépens du dilettantisme.

C'est donc dans les manuscrits français, à partir du moment où l'art se sécularise et sort des couvents, à partir du XIIIe siècle, qu'il faut voir le berceau du réalisme tel que le comportait, que le comporte maintenant encore notre goût en fait d'art. Jusqu'au XIIe siècle, nous avons l'art monacal, purement hiératique. Le vrai n'y est nullement cherché; c'est un art symbolique dont l'unité est la même au nord et au midi, en Occident et en Orient, parce que le principe d'impulsion est unique. C'est un mot d'ordre qui ne peut être modifié que par les sectes schismatiques ou par le passage de l'art en des mains séculières. Prédominance du fait sur le charme plastique, recherche constante du vrai, interprétation fidèle de la réalité, grandie par un sentiment très vif de la noblesse de l'expression à défaut de la noblesse des formes, — de tout cela résulte une grande séduction, celle qu'exerce sur les âmes saines cette qualité si rare, le naturel. Le naturel disparaîtra souvent de l'école française du XVIe au XIXe siècle, et toujours par quelque brèche il y reprendra place. Comment nier la parenté de certains groupes de saints dans les miniatures avec les groupes qui figurent dans l'œuvre des frères Le Nain, de Philippe de Champaigne, de Watteau lui-même et de Chardin? Sous la variété des talents humbles, modestes, ou brillants, éclatants, superficiels et légers, que de fois ne rencontrons-nous pas, même chez les plus corrompus, ce retour de naïveté qui pose bonnement les personnages d'une scène en face du spectateur, inattentifs aux bruits du dehors, regardant sans voir : singulier accent, qui se retrouve aux dates les plus éloignées ! Ce n'est là qu'un trait particulier qu'il suffit d'indiquer en passant. Le trait dominant, c'est l'amour du vrai, une sincérité qui n'exclut pas l'imagination, mais qui la règle : précieuses qualités, tout à fait françaises, mal servies, au point de vue pittoresque, par une inexpérience qui n'est pas dénuée de grâce cependant. Et l'on peut voir à quelle hauteur cet art français pouvait atteindre dans les belles miniatures qui portent le nom illustre de Jean Fouquet, le savant et naïf aïeul du savant et naïf Le Sueur. Le même caractère d'imitation précise se remarque, dès le XIIIe siècle, dans les verrières de nos églises. On en peut juger par les belles parties qui en ont subsisté. La *Sibylle de Samos*, vitrail du XVe siècle à l'église de Saint-Ouen de Rouen, offre le plus rare assemblage de l'expression morale et du goût, de l'élégance et de l'exacte vérité. Et ce n'est là qu'une promesse, une transition, pour arriver à la richesse d'imagination, à la science, à cette charmante alliance de l'invention avec le réel qui distingue les vitraux de l'église Saint-Patrice dans la même ville. Ces vitraux sont, il est vrai, du XVIe siècle; mais le plus curieux de tous, représentant *le Péché, le Diable, la Mort et la Chair*, est très probablement antérieur à l'arrivée du Rosso à la cour. Léonard de Vinci, pendant son séjour en France, où il était venu mourir, n'avait pu guère avoir d'action sur nos artistes. Quant au Rosso, on peut affirmer que ses leçons n'apportèrent aucune modification dans la manière de nos peintres verriers, dont la supériorité était reconnue, non-seulement en France, mais en Angleterre et surtout en Italie. Les vitraux de Saint-Patrice montrent à quelle grâce exquise et vraiment originale pouvaient aboutir nos qualités d'observation précise et de sincérité.

Si maintenant on demande des informations aux musées, on sera étonné de voir avec quelle indépendance les Clouet poursuivent la tradition française dans la peinture de portrait, à peu près la seule qui nous reste de cette époque. Nous ne saurions vraiment regretter que ces artistes n'aient point recherché le faux grand style et les effets tourmentés dont les Freminet, les Dubreuil, élèves des Italiens, devaient se préoccuper exclusivement; ils eussent perdu leur goût délicat, leur science d'interprétation, la clarté qui donne tant d'attrait à leurs compositions, la finesse du modelé, pour substituer à la simplicité un peu pauvre de leurs moyens d'exécution un système conventionnel, tourmenté, arbitraire, dont n'a pu se défendre un autre artiste français de grand mérite, Jean Cousin, corrompu par le contact de ces peintres venus d'Italie. On ne peut parler de la peinture de portrait au XVIe siècle et passer sous silence ces intéressantes et fidèles images au crayon de couleur dont un grand nombre est exposé dans les salles des dessins au Louvre. Elles représentent des personnages de la cour de Henri II et de Charles IX, et quoiqu'elles soient anonymes pour la plupart, il n'y a pas à s'y méprendre, elles portent incontestablement la marque du goût français. L'origine évidente de ces *crayons* ressort de la sobriété, de la finesse, de la précision parfois sculpturale, que nous avons déjà reconnues aux portraits des Clouet.

Ce ne sont pas là d'ailleurs des faits isolés et seulement applicables au genre du portrait en peinture. Notre école de statuaire offre les mêmes particularités. Il suffit pour s'en convaincre de jeter un coup d'œil sur le tombeau de Philippe de Comines et de sa femme, Si cette imitation trop brutale de la réalité pouvait passer pour le résultat de l'ignorance et d'une sorte de barbarie en fait de goût, le tombeau de Philippe de Chabot, attribué à Jean Cousin, présente, ramené à des proportions plus légitimes, une semblable recherche du réel. Jean Goujon introduit dans l'école cette grâce alanguie, saine toutefois et vigoureuse, que Germain Pilon modifiera en lui donnant une allure plus maniérée. Les *Nymphes* de Jean Goujon offrent dans l'exécution cette saveur unique comparable à la charmante gaucherie des jeunes innocentes en humeur de coquetterie. Les *Vertus* de Germain Pilon n'ont plus cette fleur première et candide; elles sont encore la jeunesse, mais la jeunesse en pleine exubérance de vie et de malice.

A dater de ce moment, malgré la somme de talent que peuvent accuser les œuvres des Prieur, des Berthelot, des Guillain, des Sarrazin, des Anguier, des Marsy, la sculpture française attend le ciseau de Pierre Puget pour se relever dans sa force et son originalité. Et nous sommes alors en plein siècle de Louis XIV. L'école de peinture a suivi une marche parallèle sous la direction de Dubreuil, puis de Simon Vouet, le maître de Le Brun, de Mignard et de Le Sueur, qui sont, avec Nicolas Poussin, la gloire du XVIIe siècle. Seul, Le Sueur, qui n'aura pas vu l'Italie, par une voie tout opposée à celle de Puget, retrouvera comme lui et plus que lui le sentiment français dans l'art. Je ne songe pas à établir un parallèle entre deux grands artistes; mais il est difficile de ne pas dire qu'au point de vue où nous nous sommes placé, Le Sueur nous touche plus que Nicolas Poussin. Il faut relever dans l'œuvre de Poussin nombre de traits qui révèlent son origine française, bien qu'on se demande parfois si l'impersonnalité poussée aussi loin est la première qualité d'un artiste. Poussin sera le plus méritant des peintres, il inspirera par son austérité morale, par son élévation constante, tous les respects de la critique; mais on admet que tous les esprits ne soient pas également touchés, émus, passionnés par certains de ses ouvrages, Les trois contemporains de Poussin qui ont eu pour lui la vénération la plus grande, Le Sueur, Claude Gelée, Philippe de Champaigne, ont su faire vibrer dans l'âme humaine des cordes que Poussin a moins vivement effleurées. Par sa sublimité, par sa perfection même, le peintre des Andelys est quelquefois trop au-dessus de nous et se dérobe ainsi à notre jugement.

Ce n'est pas sans arrière-pensée que nous avons choisi, pour les nommer auprès de Nicolas Poussin, Claude Lorrain, Le Sueur et Philippe de Champaigne. Voici en effet deux peintres, Champaigne et Le Sueur, dont toute la vie se passa à rêver le voyage d'Italie, et qui seraient moins grands à coup sûr, s'ils avaient accompli ce voyage. Les circonstances ont été plus fortes que leur désir et les ont sauvés. On peut dire de l'un et de l'autre ce que M. Vitet a si bien dit de l'un d'eux : « Il ne savait pas que c'était sa bonne étoile qui le retenait loin de cette Italie si belle, mais si dangereuse. Sans doute il perdait l'occasion de fortes et savantes études; mais que de pièges, que de contagieux exemples n'évitait-il pas! Aurait-il su, comme Poussin en fut seul capable, résister aux séductions du présent pour ne lier commerce qu'avec l'austère pureté du passé? Son âme tendre était-elle trempée pour cette lutte persévérante, pour cet effort solitaire? N'aurait-il pas cédé? Et alors que seraient devenues cette candeur, cette virginité de talent, qui font sa gloire et la nôtre, et qui, par un privilège unique, lui ont fait retrouver dans un âge de décadence quelques-unes de ces inspirations simples et naïves qui n'appartiennent qu'au plus beau temps de l'art? » A cette série de questions il faut répondre : Oui Le Sueur, oui Champaigne eussent cédé à la tyrannie de l'influence italienne, ou bien, préservés de cet écueil par les conseils de Nicolas Poussin, ils se fussent comme lui rejetés dans l'étude exclusive du passé. C'en était fait alors de cette admirable *Vie de saint Bruno* et des *Religieuses de Port-Royal*.

Que résulta-t-il en effet du séjour prolongé de Poussin et de

Claude Lorrain à Rome ? Un dédain profond et nullement dissimulé et de leur siècle et de leur pays. On eût fort étonné Poussin, peut-être l'eût-on blessé, en lui disant qu'il était dans ses œuvres Français presque autant que de naissance. Il ne le croyait assurément point. Il l'est heureusement très souvent par ses grandes qualités, ses défauts seuls sont italiens. Il est Français de la grande manière pour un artiste, par la nature même de son génie et à son insu, sans le vouloir. Mais si nous analysons l'œuvre de Lorrain, combien de fois, malgré toutes les magies de sa lumière, ne sera-t-on pas tenté de regretter son séjour en Italie, pour peu que l'on sente les beautés de la nature du nord, beautés moins sévères que celles de la terre italienne, mais plus pénétrantes et plus touchantes ! On se console difficilement de voir ainsi perdu au profit de l'Italie un fa-lent si merveilleux, et l'on constate avec chagrin certaines pauvretés auxquelles, sous prétexte de noblesse, Claude Lorrain est parfois tenu d'avoir recours afin de meubler ses premiers plans. Devant ces fabriques, ces fûts de colonnes, on ne saurait toujours, en dépit de son admiration, se dissimuler que ce fut l'absence de sincérité qui lui fit trouver et fonder du premier coup dans quelques-unes de ses œuvres le style de convention. C'est Poussin qui engagea et maintint Claude Lorrain dans cette voie. Il en est ainsi pour Nicolas Poussin lui-même. Autant l'on s'incline avec admiration devant ses compositions religieuses, où le maintien de la tradition est une loi inséparable du genre, autant l'on admet parfois avec regret qu'il ait emprunté, pour rendre sa pensée, des formes et des symboles à l'antiquité. C'est une rare et admirable chose que cette vie nouvelle qu'il a donnée aux débris de l'art antique ; mais, sans nuire à sa gloire, on peut dire qu'il est plutôt un grand artiste malgré son système que par son système. On sent tout cela dans l'école française aujourd'hui, et il faut y faire attention, car, à côté de nullités vaniteuses et peu intéressantes, nous sommes témoins d'inquiétudes et de troubles assez touchants pour qu'il soit de notre devoir et du devoir de chacun de chercher où est le vrai, où est la voie de l'art moderne. Eh bien ! je ne crains pas de l'affirmer, le vrai n'est point dans la résurrection même complète de la renaissance ou de l'art grec. L'erreur de Poussin, la même que celle de bien des théoriciens de nos jours, c'est de l'avoir cherché dans l'un ou l'autre de ces deux sens.

Les Grecs, au siècle de Périclès, ont eu ce privilège de trouver en sculpture la formule exacte de leurs idées religieuses, de créer un art qui fut l'expression rigoureuse de leur civilisation, de leurs mœurs, — privilège unique, et que nous leur envierons toujours. Exemple digne d'être médité! ils ont pratiqué pour eux, seulement pour eux, pour les besoins de leur époque, dans le culte, dans la vie publique, un art qui, ayant un but prochain, déterminé, connu de tous, n'a cessé par cela même de s'élever à la perfection. Comment s'obstine-t-on à ne pas comprendre cette leçon? Toute l'esthétique des Grecs peut se résumer en quelques mots : ils ont déterminé le rapport de l'art avec la société. L'esthétique de tous les temps n'aurait pas dû varier, et, tout en tenant compte des découvertes du passé, dans l'avenir elle ne doit pas être différente. Tout grand artiste, à quelque époque qu'il appartienne, ne saurait avoir d'autre loi. Raphaël, Titien, Rembrandt n'ont agi, sciemment ou non, qu'en vertu de ce principe. Rubens et Véronèse y ont manqué parfois, et c'est ce qui explique les taches que l'on rencontre dans leurs œuvres. Poussin l'a en partie méconnu, et c'est là sa faute. Il a appliqué l'effort de son talent si puissant à galvaniser une forme de l'art désormais inerte et sans vie. Qu'il ait parfois réussi au-delà de toute espérance, nous devons regretter d'autant plus vivement cette déperdition de forces supérieures non employées à la glorification de l'époque où elles se sont manifestées. Les artistes grecs, les maîtres de la renaissance italienne, le grand maître de l'art hollandais, seront donc pleins d'enseignements pour nous, si nous savons étudier leurs œuvres dans leur étroite relation avec les divers siècles de l'histoire et de la civilisation. Ils nous éclaireront et nous guideront, ils ne devront jamais être pris pour modèles absolus. Nous ne nions pas évidemment qu'au point de vue technique il ne soit bon de s'approprier celles de leurs qualités où ils ont excellé; mais c'est affaire d'atelier et de professeur intelligent que d'apprendre à modeler un corps, à plisser une draperie, et d'emprunter son enseignement au passé; on ne songe pas à blâmer un jeune peintre de copier les maîtres de son choix, ceux qui ont le plus d'affinité avec son tempérament, qui l'aideront à se connaître, à se révéler à ses propres yeux. C'est ici que s'arrêtent les droits des siècles écoulés sur les siècles à venir.

Ce Le Brun fastueux et pompeux, cet aimable Watteau, ce Chardin, le premier peintre qui ait compris et rendu la bourgeoisie, étaient plus que ne le fut Poussin dans la direction indiquée à l'art français. Cette direction, c'est l'amour élevé de ce qui est vrai, clair, précis, exact sans trivialité, noble sans boursouflure. Nous avons montré les premières traces de ce penchant du génie national dans ce qui nous reste des œuvres de l'ancienne école française ; nous l'avons montré dans les altérations que lui a fait subir l'influence italienne prématurée ; nous l'avons montré méconnu en partie par l'admirable génie de Nicolas Poussin : il nous reste à le faire voir dans l'une de ses applications excessives, car il y a dans les arts en France une singulière loi de libration, phénomène très particulier d'action et de réaction qui paraît nous interdire la stabilité dans le juste milieu qui convient à notre raison cependant. C'est ainsi qu'après le réalisme expressif des miniaturistes nous assistons au développement de l'idéalisme, dont la manifestation la plus haute se trouve dans les œuvres de Poussin. Après Poussin, nous retombons avec les frères Le Nain dans le réalisme le moins déguisé, le moins préoccupé de noblesse et d'élévation. Le Sueur conserve seul le merveilleux équilibre entre les deux tendances. Le Brun réagit de nouveau dans le sens de la fausse grandeur. À l'école de ce maître succède celle du XVIIIe siècle, qui retourne par une pente rapide à l'extrême négation de tout ce qui est grand. Le réalisme de Chardin a plus de hauteur toutefois que celui des Le Nain ; aussi est-ce dans l'œuvre de ces artistes qu'il est bon de l'étudier pour le bien connaître. On ne saurait choisir, à ce point de vue, un meilleur objet d'étude que les travaux de cette famille d'artistes, les frères Le Nain, qu'on a pu très justement nommer les peintres du réel sous Louis XIII. Et d'ailleurs c'est prendre le principe dans l'une de ses premières et de ses plus naïves expressions que de l'aller chercher dans l'œuvre de ces peintres si longtemps oubliés qu'on remet en honneur aujourd'hui.

On ne sait que fort peu de chose de la vie des frères Le Nain, et le peu que l'on sait, on le doit aux patientes recherches de M. Champfleury, qui s'est pris pour les artistes laonnais de passion si fervente, qu'il a réussi à ramener sur eux l'attention de la critique. Quinze années d'investigations de toute sorte, visites dans les églises, dans les musées de Paris et des départements, dans les collections particulières, dépouillement de catalogues, recherches dans les archives de la petite ville où sont nés ces peintres, tout cela, semble-t-il, aurait dû produire quelques résultats positifs. Disons à notre grand regret qu'il n'en est rien.

Tout ce que l'ardente et tenace curiosité de M. Champfleury a pu découvrir sur les frères Le Nain est un passage des *Mémoires manuscrits de dom Leleu sur la ville de Laon* où il est assez longuement question d'eux, mais sans la moindre précision. « En ce temps fleurirent trois habiles peintres natifs de Laon, » ainsi débute le manuscrit, et *en ce temps*, cela signifie vers 1632. Nous ne savons donc rien sur la date de naissance de chacun des trois frères ; la date de leur mort est également incertaine. Les divers papiers conservés à l'École des beaux-arts ne sont pas du tout d'accord sur ce point. Le seul fait positif, c'est qu'ils ont été tous les trois de l'Académie de peinture, leur nom étant porté sur le registre des premières délibérations. En mars 1648, quelques semaines après la fondation de l'Académie, Louis, Antoine et Matthieu Le Nain y figurent comme peintres de *bambochades*. La même incertitude qui couvre la biographie des artistes laonnais s'est toujours opposée à ce qu'on pût attribuer sûrement une seule de leurs œuvres à l'un plutôt qu'à l'autre. En effet, sur aucun tableau signé Le Nain, le nom de famille n'est accompagné du prénom. La légende, qui se plaît toujours à grossir le mystère, en a conclu qu'ils avaient uni leurs pinceaux comme leur existence. Quelques écrivains ont accepté cette fable, qui est non-seulement invraisemblable *a priori*, mais qui s'évanouit complètement à l'examen des peintures, nous aurons amplement occasion de le démontrer. Si l'analyse critique pouvait laisser subsister quelques doutes à cet égard, la notice de dom Leleu achèverait de les dissiper, car, malgré la confusion qui y règne, on y trouve la définition des genres dans lesquels ils se sont exercés. « Antoine, l'aîné, excellait pour les miniatures et les portraits en raccourci (c'est-à-dire de petite dimension). Louis, le cadet, réussissait dans les portraits qui sont à demi-corps et en forme de buste. Matthieu, qui était le dernier, était pour les grands tableaux, *comme ceux* qui représentent les mystères, les martyres des saints, les batailles, etc. » Je souligne à dessein deux mots de cette dernière phrase qui me paraissent importants, et auxquels il me semble que M. Champfleury n'a point assez fait attention. En effet il conclut de ce passage que Matthieu Le Nain a dû peindre des tableaux de bataille, et il ajoute : « Peut-être les retrouvera-t-on un jour, à moins que dom Leleu n'ait gratifié ses compatriotes de toutes les facultés, car quand il parle de *mystères*, de *martyres* et de *saints* peints par les Le Nain, il faut entendre des tableaux religieux. » Dom Leleu, à mon avis, n'a pas prétendu désigner des tableaux de Matthieu Le Nain, mais donner une idée approximative de la dimension de ses ouvrages. Et il faudrait rétablir le texte ainsi : « Matthieu était pour les tableaux *grands comme ceux* qui représentent (habituellement) les mystères, etc. »

C'est donc à Matthieu Le Nain qu'il faudrait attribuer la Crèche du musée du Louvre et *la Nativité* de Saint-Étienne-du-Mont. Quant aux autres œuvres des Le Nain, si l'on s'en rapporte aux indications de dom Leleu, on doit rendre à Louis, le cadet, les portraits de Cinq-Mars, d'Anne d'Autriche, de Mazarin, et celui de la marquise de Forbin, un des plus beaux morceaux du musée d'Avignon. Cette classification, qui n'a rien d'improbable, nous permettrait enfin de laisser à l'aîné, Antoine, les sujets « en raccourci, » c'est-à-dire les intérieurs de ferme, de corps de garde, les scènes de mœurs populaires, qui sont toujours de moyenne dimension, et dont les figures ne dépassent guère 60 centimètres. Je ne prétends point qu'il y ait rien de définitif ni d'absolument rigoureux dans cet essai d'attribution; mais c'est celui qui paraît le plus vraisemblable et doit par conséquent se rapprocher le plus de la vérité. La seule objection réellement fondée que l'on y pourrait faire, c'est que le mérite des divers tableaux de genre peints par les Le Nain est loin de se soutenir constamment au même niveau, et l'on s'expliquerait difficilement les défaillances subites d'un même artiste, tombant tout à, coup des finesses d'un tableau très justement célèbre, *la Forge*(musée du Louvre), aux lourdeurs de *l'Abreuvoir* et du *Repas villageois*. Je suis donc tenté de croire, d'après d'anciens catalogues, qu'il y eut un des trois frères dont le talent était tout à fait supérieur, celui qu'on y trouve nommé « le bon Nain. » C'est lui qui aurait donné le ton à ses frères, qui leur aurait servi de guide, lui qu'ils auraient imité en adoptant chacun l'un des genres divers où il excellait. Toutes les hypothèses sont permises en un pareil sujet; mais tant que l'on n'aura pas de renseignements plus exacts sur la vie de ces artistes, il faudra se borner à des suppositions et ne rien affirmer.

Les peintures des trois frères, on vient de le voir, avaient un cachet d'individualité parfaitement marqué; il ne faut pas en conclure cependant qu'il n'y a entre elles aucune analogie, aucun air de parenté. Les points de ressemblance y sont nombreux au contraire. C'est la même uniformité de palette, d'un aspect terne, crayeux, plombé, le même ton rouge brique, destiné à relever un peu cette monotonie, cette monochromie de l'ensemble pour ainsi dire; c'est le même dédain de l'ordonnance et de l'action dans la plupart de leurs compositions, où chaque personnage pose gravement devant le spectateur, comme de nos jours il poserait devant l'objectif d'un photographe; c'est enfin, et par-dessus tout, une égale puissance d'observation réaliste. L'individualité de chacun des trois peintres ne se montre donc que dans leur plus, ou moins d'habileté à faire usage de procédés semblables. Il est évident par exemple que l'auteur de *la Nativité* n'est pas l'auteur de *l'Abreuvoir* ni du *Repas villageois*, pas plus qu'il n'est l'auteur de *la Forge* ou du *Corps de garde*. *L'Intérieur de forge*, tant de fois reproduit par la gravure, est incontestablement le joyau de l'œuvre des Le Nain, et par excellence le morceau caractéristique de leur manière; il est l'étalon auquel on peut rapporter tous les ouvrages qui leur sont attribués, et parmi ceux-ci celui qui ne porterait pas la même empreinte peut à coup sûr être relégué dans les apocryphes. C'est sans aucun doute par une série d'observations de cette nature que l'administration des musées a été amenée à enlever l'étiquette : *attribué aux frères Le Nain*, qui a longtemps figuré au-dessous de l'un des tableaux du Louvre bien connu des amateurs ; je veux parler de cette petite *Procession dans l'intérieur d'une église* qui est une merveille d'habileté autant qu'une œuvre audacieuse à force de sincérité naïve et franche. A juste titre, on leur a ainsi enlevé une peinture qui leur faisait un grand honneur, mais ne leur appartenait pas. Ceux qui se sont pris d'admiration rétrospective pour les Le Nain doivent bien regretter qu'ils n'aient jamais rien fait qui ait cette valeur. La prestesse, la chaleur d'exécution, la touche large et grasse, la vigueur de coloration, l'intensité des tons qui distinguent *la Procession*, révèlent un tempérament pittoresque bien autrement puissant que celui des frères Le Nain, braves gens qui peignaient solidement, pesamment, mais qu'aucune flamme intérieure, non plus qu'aucune inquiétude de la beauté plastique, aucun souci des procédés techniques, n'ont jamais émus. Il faut se hâter de dire qu'au XVIIe siècle, en France, c'était là un mérite dédaigné de tout le monde, amateurs et artistes. La recherche du procédé était considérée comme un signe de décadence, et nous savons trop, au médiocre honneur de notre école, ce qu'un tel puritanisme a produit.

Les frères Le Nain, tout réalistes qu'ils fussent, n'ont pas mieux fait que les autres, et par cela même qu'ils s'étaient affranchis de toute discipline, ils sont moins excusables que ceux qui obéissaient à ce qu'ils croyaient être l'intérêt et la dignité du grand art. Ne nous arrêtons pas plus que de raison toutefois sur le peu de qualités. pratiques que dénotent les tableaux des Le Nain : leurs faiblesses n'étant pas volontaires, ils n'en sont pas responsables; mais ne laissons pas échapper cette occasion d'attirer sur ce point l'attention des jeunes gens que pourrait tromper la réhabilitation dont les artistes laonnais sont l'objet depuis quelques années. M. Champfleury a beaucoup aidé à ce retour de l'opinion publique sur ses peintres favoris : on doit lui en savoir gré; mais il faut se garder d'aller trop loin et se méfier d'un excès d'enthousiasme. Emporté par les exigences d'une idée systématique, l'auteur des *Peintres du réel sous Louis XIII* fait en faveur du principe trop bon marché de la manière dont il est appliqué et mis en œuvre. Il ne dissimule pas les côtés inférieurs du talent des Le Nain, il a trop de clairvoyance et de bonne foi pour ne pas les apercevoir et les montrer; mais il les absout toujours, et il va si loin dans la voie de l'indulgence qu'on ne peut le suivre et lui laisser passer des phrases comme celles-ci : « les Le Nain ont mille défauts, et ce sont de grands peintres qu'on ne peut oublier, quand on les a vus une fois. » Le mot *grands* est excessif et passe toute mesure; il faut le supprimer impitoyablement. J'aimerais mieux cet autre jugement, que je trouve quelques lignes plus loin : « les Le Nain ont eu beaucoup de défauts, mais ce sont les défauts de leurs qualités, et si leurs qualités sont grandes, l'esprit philosophique, faisant la part de la nature, si incomplète, oublie ces défauts pour n'être plus charmé que des qualités. » J'aimerais mieux cela, ai-je dit, et pourtant que de périls à laisser intervenir et prévaloir cet esprit philosophique dans les décisions en matière d'art ! C'est par l'intervention de cet esprit philosophique qu'on en arrive à laisser échapper des aveux comme celui-ci : « il m'importe médiocrement qu'une figure ne soit pas à son plan et qu'au fond d'une chambre elle paraisse éloignée d'un quart de lieue. » Je passerai probablement aux yeux de M. Champfleury pour « un esprit étroit, dénué d'enthousiasme et d'intelligence ; » mais, sans vouloir m'attacher à la faute, » je ne puis taire qu'en dépit de l'esprit philosophique la faute me choque. La critique ne saurait être un constant panégyrique, ou alors elle cesse d'être et se transforme en duperie. Elle n'a de vertu qu'à la condition de dire toute la vérité d'abord, et, comme elle est juge en même temps que témoin, il lui appartient, après avoir exposé son propre témoignage, de se montrer indulgente ou sévère. Auprès des qualités, elle doit montrer les défauts, les expliquer, les excuser quelquefois, mais ne jamais les justifier. Or, en ce temps-ci où il n'y a plus d'ateliers ouverts, où l'enseignement technique laisse tant à désirer, où d'autre part les tendances réalistes s'affirment de plus en plus, il serait funeste de laisser croire que le génie de la réalité dispense de toutes les qualités pratiques.

Il n'est pas de plate et mesquine peinture qui ne se trouve glorifiée à l'aide de pareils principes, et je ne comprends point ces demi-transactions avec la vérité. Exiger l'observation de la réalité morale (c'est là ce qu'il faut entendre sans doute par l'esprit philosophique, et se montrer indifférent à l'observance de la réalité matérielle, à la fidélité d'imitation en présence des infinies beautés de formes et de couleurs dont la nature déploie l'incomparable spectacle, c'est à quoi je ne souscrirai jamais, parce que c'est atteindre l'art de la peinture dans les sources mêmes de son existence. Eh quoi ! réalistes, c'est vous qui invoquez je ne sais quel esprit philosophique pour l'opposer à l'esprit de sincérité, vous qui n'avez pas cependant assez d'amertume contre les esthéticiens lancés à la recherche d'un « certain beau nuageux ! » Quel est ce renversement subit de tous les rôles, et d'où vient-il ? Hélas ! nous craignons que de telles contradictions ne révèlent la faiblesse de ce réalisme même, faible comme toute doctrine excessive et exclusive, et ce sont de telles faiblesses qui condamnent un système. Nous ne dirons donc point : « Que nous importent les défauts des peintres du réel ? » car de tous les principes d'école qui se sont succédé il n'en est pas un qui souffre moins la médiocrité pratique. Nous dirons de préférence aux jeunes artistes entraînés par le mouvement de sincérité qui paraît se marquer chaque jour davantage : La première loi de l'artiste doit être de se faire un instrument parfait. Se mettre en état d'exprimer ses sentiments et ses pensées, de reproduire exactement les mille phénomènes de la ligne et de la couleur; se bien pénétrer de cette idée qu'un peintre qui ne sait pas dessiner, qui ne connaît pas les lois harmoniques des couleurs n'est pas un peintre; en un mot que la science du métier prime le choix du sujet; être convaincu que toute théorie qui dispense du savoir est pernicieuse : tels sont les points essentiels pour tout homme qui a la prétention de laisser une œuvre durable dans les arts du dessin.

Les frères Le Nain remplissent-ils toutes les conditions de ce programme? Assurément non. Ils ont reçu leurs premières leçons d'un peintre flamand resté inconnu, et il ne paraît point qu'ils aient fait de puissants efforts pour agrandir l'étendue de leurs connaissances et perfectionner leur procédé. L'un d'eux, croit-on, vit l'Italie; aucune des œuvres qui portent leur nom ne témoigne des impressions qu'il aurait éprouvées pendant ce voyage. Si le fait est vrai, il n'a pas eu la moindre action sur l'artiste; sa manière de peindre ne s'en est nullement ressentie. Comme ses frères, il a continué d'abuser des tons lourds et froids, de violer les plus simples lois de la perspective. D'autre part, ses qualités originales n'ont point non plus été entamées, et c'est un bonheur. En effet, ce n'est pas une médiocre preuve d'énergie que d'avoir, au XVIIe siècle, osé s'arrêter et se complaire aux scènes de la vie des plus humbles professions, des intérieurs les plus modestes. Et il fallait que la jeune Académie de peinture professât un éclectisme peu ordinaire pour avoir admis les trois frères à faire partie de sa société. La vérité sur cette énergie dont nous faisons aujourd'hui un mérite aux Le Nain, c'est que, nés et élevés en province, gens de forte race, aimant et n'aimant que le milieu social où ils avaient grandi, ils n'ont jamais eu ni le goût ni l'ambition de se poser en maîtres. Ils peignaient simplement, naïvement, les mœurs de leurs voisins, de leurs égaux. Ils confiaient à la toile le spectacle des scènes auxquelles ils eussent pris part, s'ils n'avaient été peintres. Et s'ils ont fait leur tour de France, ce qui semble ressortir de certains indices habilement recueillis et rapprochés dans leurs ouvrages, ils l'ont fait à peu près comme eût pu le faire leur *forgeron*. Paysans, contrebandiers, gens de labeur, soldats, musiciens, vagabonds et mendiants, jeunes femmes occupées autour de leurs nourrissons, enfants désœuvrés, mais rarement enjoués, tels sont les personnages familiers aux Le Nain. Et tous, ils ont cette attitude particulière, cette rigidité des muscles du visage, que donne la vie pénible et gagnée, selon l'Écriture, à la sueur du front, avec cela l'air doux, mais peu ouvert et peu intelligent (sauf quelques exceptions), un air d'abattement plutôt que de résignation, car la résignation suppose une première révolte intérieure dont le lot n'a jamais bouillonné au sein de ces héros de la passivité. Ce sont les hommes qui ont vu les horreurs de la guerre des impériaux et subiront celles de la fronde. Dans l'œuvre des Le Nain, il y a presque toujours un personnage qui tient un verre à la main. Ce n'est plus, comme dans les tableaux des écoles flamande et hollandaise, un buveur de profession, un pilier de cabaret. Chez eux, l'homme boit pour se réconforter, parce qu'il a *peiné*; il met à cet acte vulgaire une sorte de componction qui ferait sourire, si elle n'était touchante ; il boit le vin avec respect, si l'on peut s'exprimer ainsi, et comme l'on prie : c'est qu'ayant souffert de la famine, ayant été souvent privé de la généreuse liqueur, il en sent tout le prix. A sa délectation purement physique, il se mêle une véritable, reconnaissance pour le destin qui lui laisse cette fois encore vider un verre à demi rempli.

Aux yeux des juges impartiaux, les Le Nain ont cette infériorité, qu'ils ont mis un procédé insuffisant au service d'une juste conception des droits de l'art. Ils ont appliqué naïvement et tel quel l'enseignement de leur premier maître à la reproduction scrupuleuse et patiente des scènes de la vie réelle; mais cela ne constitue point une gloire d'artiste, car on peut être un observateur consciencieux, on peut être même un peintre, un bon peintre, et n'être point artiste. Les qualités de l'un ne supposent pas rigoureusement les facultés plus spéciales de l'autre. Eh bien! l'on peut affirmer que les frères Le Nain n'étaient pas nés artistes; ils n'ont jamais goûté cette émotion délicieuse que donnent à ceux qui sont doués le commerce et la pratique de l'art; ils n'ont pas eu cette extrême sensibilité de l'organe visuel qu'affectent un contraste de couleurs inattendu, un contour imprévu, une ombre, un rayon; ils n'ont pas connu les douloureuses voluptés de la création et de l'enfantement, les joies que procure la gestation d'une grande œuvre, les inquiétudes de l'exécution; ils n'ont pas respiré ce souffle large, ils n'ont pas eu la pleine conscience de soi-même que donne le libre choix parmi les trésors innombrables de la nature, inépuisable écrin toujours ouvert aux regards de l'artiste. C'est à peine si danse *la Forge* et dans *la Nativité* il y a un vague pressentiment de pareilles beautés. Les Le Nain furent donc peintres par état plutôt que par tempérament : un concours de circonstances que nous ignorons leur fit adopter cette profession, où ils apportèrent de précieuses qualités de bonne foi et d'humanité; mais ils n'eurent point ce que Boileau appelle « l'influence secrète, » ils ne furent pas artistes. Ils méritent cependant d'occuper l'attention, parce que, les premiers, ils firent pénétrer la franchise, l'absolue sincérité dans l'école, parce que, dans cette voie de la sincérité, ils ont devancé Chardin et plus tard Géricault : Chardin, esprit de même trempe, mais mieux doué, véritablement artiste, lui ; Géricault, qui, dans une semblable direction, les distance, tous de la puissance de son génie.

Que l'on ne s'étonne point de ce rapprochement de noms : les frères Le Nain, Chardin, Géricault. Nous avons à plusieurs reprises montré le principe commun qui les unit. C'est le même germe, inculte tout d'abord, ignorant de lui-même et de son énergique vitalité, puis rendant par une culture intelligente une moisson parfaitement saine, s'épanouissant enfin et laissant entrevoir toutes les ressources de sa fertilité prodigieuse sous la main trop tôt glacée d'un grand artiste. Telle est la vertu de la sincérité dans l'art que les hommes qui ont entre eux le moins de parenté intellectuelle peuvent se faire suite et garder néanmoins leur individualité intacte. Il y a loin de là à la théorie de la soumission absolue aux errements de la tradition; mais, bien que cela dérange nos habitudes, nous sommes forcés de compter avec les événements. Or, dans le désarroi de l'école française contemporaine, le réalisme nous avertit qu'il est temps de faire triompher la loi d'affranchissement. Ce siècle a déjà vu deux tentatives en ce sens ; la première a avorté, parce que ceux qui l'ont dirigée se sont arrêtés à moitié de leur effort; je parle du romantisme, qui, rendant à tous les siècles de notre histoire le droit de cité dans l'art, s'est arrêté au seuil du XIXe. Puisse cet exemple nous servir de leçon et nous donner le courage de ne pas laisser périr la seconde tentative sous les reproches trop légitimes que, par son défaut de grandeur et d'élévation, par ses partis-pris exclusifs, le réalisme a soulevés dans la plupart des esprits les moins intolérants !

En vue de cet affranchissement, bien loin de combattre l'étude des marbres grecs et des ouvrages italiens, il faut la recommander instamment, à la condition cependant qu'on y cherchera seulement les précieux conseils théoriques et pratiques dont ils sont remplis, et non des modèles à imiter. Phidias, Raphaël, ces admirables génies, ont donné l'expression exacte de la société au milieu de laquelle ils ont vécu, sans se préoccuper de la valeur historique de leur temps. Le siècle de Périclès et celui de Léon X n'en ont pas moins obtenu à leur tour le prestige du passé; ils ont pour nous maintenant l'auréole de l'histoire. L'heure présente, elle aussi, sera de l'histoire un jour : laisserons-nous donc à nos arrière-neveux l'honneur de nous introduire dans le domaine de l'art avec nos mœurs, nos usages, nos costumes, nos sentiments et nos idées? Comment le feront-ils, si nous ne marquons pas la trace de notre passage, et pourquoi le feraient-ils, si nous avons eu tellement honte de nous-mêmes que nous ayons rougi de le faire? Quelle grande œuvre n'eût-ce pas été que *le Serment du Jeu de Paume*, si David l'avait achevée ! Et David n'était point doué à l'égal de Raphaël ni de Phidias. Malgré ses imperfections, *le Radeau de la Méduse* n'a-t-il pas aujourd'hui rallié les suffrages des juges les plus sévères et le plus épris de l'antiquité? C'est qu'ils ont été saisis par cette vigoureuse tentative faite en vue d'accorder l'art de peindre avec les besoins de la société moderne, c'est que devant leur émotion les règles d'école se sont évanouies d'elles-mêmes. Il a fallu péniblement inventer d'autres principes pour expliquer et justifier cette émotion que suffit à donner l'approche même du vrai.

Géricault étant mort trop jeune pour légitimer et assurer la durée du principe auquel il obéissait, le XIXe siècle attend encore son interprète et son école d'interprétation. Jusqu'à présent il ne l'a trouvée que dans le paysage. Avec la somme de talent que possède notre art moderne, est-il digne de lui d'errer à l'aventure comme il le fait, niaisement futile ou se traînant pesamment à la remorque du passé? Que de sujets en nous, autour de nous, hommes du XIXe siècle, que de drames, que de faits qui sollicitent, qui appellent impérieusement la brosse du peintre, le ciseau du statuaire ! Et pourtant peintres et sculpteurs se détournent hésitants, tremblants, comme s'ils craignaient le ridicule, devant la reproduction des beautés de l'activité moderne. Ceux qui sont maîtres de leur procédé, qui sont doués du sentiment esthétique, ont peur de compromettre leur succès, l'autorité de leur nom en des tentatives nouvelles; les autres, ceux qui oseraient, ceux qui osent, ne peuvent mettre au service d'une vulgarité d'imagination sans pareille qu'un talent capricieux, quelquefois et par surprise un peu au-dessus du médiocre, — pleinement dominateur et maître de soi, jamais!

Cependant il ne faut pas désespérer de l'avenir du réalisme tel que nous l'avons montré à son origine dans l'œuvre des miniaturistes, encore enveloppé dans les liens de l'inexpérience, tel et même plus grand que ne le conçurent Philippe de Champaigne, Chardin et Géricault, plus élevé surtout que dans l'œuvre des frères Le Nain; car, dans l'école, ces peintres marquent une date intéressante, caractéristique, s'ils ne peuvent être des modèles. La vitalité du réalisme français n'est puissante que parce qu'il peut se combiner avec l'idéal. Toute tentative réaliste qui ne subit pas heureusement cette épreuve est condamnée d'avance. C'est pourquoi, obéissant à nos penchants les plus anciens et les plus durables, et recherchant ce qui est vrai, raisonnable et sincère aussi bien qu'élevé, le réalisme donnera à l'art français son caractère essentiellement original et national, s'il sait unir ces éléments divers, s'il réussit à satisfaire notre goût en fondant l'alliance étroite de l'idéal et du réel. Cette alliance, nous l'invoquons au nom même des impérissables tendances du génie français.

ISBN : 978-1717470072

www.ingramcontent.com/pod-product-compliance
Lightning Source LLC
Chambersburg PA
CBHW071129220526
45467CB00004B/2083